TRAITS

DE

COURAGE, DE GRANDEUR D'AME ET DE GÉNÉROSITÉ

DU PEUPLE

PENDANT

Les mémorables journées de février 1848

SUIVIS

DES PRINCIPAUX ARRÊTÉS ET DÉCRETS DU GOUVERNEMENT PROVISOIRE.

PRIX : 15 CENTIMES.

PARIS

J. BRY, ÉDITEUR,

21, RUE DES MATHURINS-SAINT-JACQUES.

1848

LE PEUPLE.

Louis-Philippe d'Orléans, le soi-disant *roi citoyen* a porté la peine de ses crimes. Traître à la nation ainsi qu'à sa famille, il voulut tuer la liberté après avoir ramassé la couronne de Charles X entre deux pavés de 1830. Trois journées ont encore suffi pour débarrasser la France d'un tyran. Le despotisme avec ses ressources illimitées, ses immenses richesses, sa puissance brutale, a été vaincu de nouveau par des héros sans armes, sans argent, sans pain. Quel exemple pour le monde !!… Assez d'historiens, de poètes, de publicistes éloquents consacreront leur plume à la reproduction des principaux actes du drame qui vient de s'accomplir. Nous nous sommes imposé une tâche plus modeste, mais cependant importante et utile à tous. En réunissant les traits d'héroïsme pendant la lutte, de générosité et de probité sévère après la victoire, qui ont immortalisé les combattants de février 1848, nous avons voulu prouver que les plus nobles, les plus saintes vertus sont les compagnes de ce peuple qui ne se venge des injures que par la grandeur d'âme, de la calomnie, que par la clémence.

— Parmi les traits d'héroïsme qui ont signalé la glorieuse matinée du 24, nous en citerons un qui est d'une simplicité antique.

Au moment où un bataillon de la ligne s'apprêtait à charger les défenseurs d'une barricade de la rue Saint-Honoré, un jeune homme s'élance, tenant un drapeau tricolore à la main, debout sur la barricade; il roule le drapeau autour de son corps, et, s'adressant à la troupe : « Oserez-vous maintenant faire feu? Les soldats, saisis d'admiration, s'arrêtent, tirent leur fusil en l'air et les livrent aux citoyens.

— A la prise des Tuileries, le peuple trouva dans la chapelle un magnifique Christ sculpté. Le peuple s'arrêta et salua. « Mes amis, dit un élève de l'Ecole, voilà notre maître à tous. »

Le peuple prit le Christ et le porta solennellement à l'église Saint-Roch. « Citoyens, chapeau bas ! saluez le Christ ! » disait le peuple ; et tout le monde s'inclinait dans un sentiment religieux.

— Une boîte remplie de bijoux ayant été trouvée aux Tuileries dans les appartements de la reine, elle a été portée à la mairie du troisième arrondissement.

— L'ouvrier Mallet, chaudronnier, rue Saint-Louis-Saint-Honoré, 7, a rapporté à M. Alph. Choquet, capitaine des grenadiers du 1er bataillon de la 5e légion, un plateau et une cloche en argent d'une valeur considérable qui avaient appartenu à l'argenterie du palais *royal*; lesdits objets ont été remis à la mairie du 2e arrondissement.

— Au Carrousel, au moment où les gardes municipaux venaient de cesser le feu, quelques hommes, exaltés par le combat, voulaient faire main-basse sur ces malheureux instruments du despotisme ; mais bientôt l'exaltation des vainqueurs fit place à des sentiments de concorde. « *On a tué mon frère au Palais-Royal*, criait encore un citoyen, *il faut que je tue quelqu'un ! — Si tu tues quelqu'un*, répondit un garde national, *ce sera ton frère aussi !* Ce mot sublime anéantit tout sentiment de vengeance.

— Des ouvriers écrivirent sur les fenêtres des Tuileries, faisant face au Pont-Royal : *Les voleurs seront mis à mort.* Puis à côté : *Palais sous la sauve-garde du peuple.*

— Le jeudi, 24, au commencement de l'attaque du poste du Château-d'Eau, place du Palais-Royal, la compagnie de grenadiers de la 2e légion de la garde nationale, commandée par le capitaine Barère, escortant le général Lamoricière, venait prendre possession de ce poste, et elle était sans munitions, car il avait été convenu que les gardes municipaux allaient se rendre aux gardes nationaux ; mais le poste était attaqué par les insurgés et une vive fusillade était engagée des deux côtés. Le capitaine, sachant que sa compagnie n'avait aucune munition, hésitait à avancer ; alors un enfant de Paris, âgé de 12 à 13 ans, se présente au capitaine et lui dit : « Je m'engage à faire cesser le feu des insurgés ou à me faire

tuer si je ne puis y réussir. » D'un pas rapide, il parcourt le front
des insurgés et les engage d'une voix énergique à cesser le feu. Au
bout de quelques instants la fusillade s'arrête et le jeune enfant re-
vient auprès du capitaine en lui disant : «J'ai tenu ma promesse.»
En effet, il avait tenu parole; il ouvrit sa chemise et montra son
épaule fracassée par une balle.

— Un trait de courage et de dévoûment digne de la reconnaissance nationale est extrait d'un rapport de M. Masson, capitaine
désigné par ses concitoyens à l'un des postes des Tuileries.

Jeudi, après l'envahissement du château par le peuple, et vers
quatre heures, au moment où il organisait ses postes, des fauteuils,
chaises, matelas, et jusqu'aux guérites des factionnaires amonce-
lées au pied de la façade (côté du jardin), brûlaient avec une vio-
lence qui sapait la muraille. Les flammes dépassaient le premier
étage et commençaient l'incendie du château par les croisées, lorsqu'un citoyen, qu'on voyait revêtu de l'uniforme de la 10ᵉ légion
et décoré de la croix de Juillet, M. Lançon, se précipite, suivi de
neuf de ses frères d'armes, sur le lieu de l'incendie. Il put sauver
à la France l'antique monument, mais ce ne fut qu'au bout
d'une heure et demie d'exhortations et d'une lutte acharnée
contre les matières enflammées qui volaient de toutes parts.

— On lit dans le journal *la Patrie* :
Un des rédacteurs a visité une seconde fois aujourd'hui, 25 février, de onze heures à midi, les appartements des Tuileries, parti-
culièrement les grands appartements, et n'a pu s'empêcher d'ad-
mirer l'ordre avec lequel les citoyens, ouvriers comme gardes nationaux, gardent le palais de l'ex-roi. Partout on voit des écriteaux
portant en substance que *les voleurs seront fusillés immédiatement*;
partout on entend sortir de la bouche de ceux qui peut-être de-
main n'auront pas de pain à donner à leur famille, des exhortations à ne rien dégrader, à ne rien détruire. Les dégâts ne sont
pas si grands qu'on pouvait le craindre après une prise d'assaut.
Un grand nombre de meubles sont encore dans une parfaite con-
servation.

Les tentures, les candélabres, les pendules et les sculptures sont
presque tous à leurs places.

Il n'y a eu que peu de glaces cassées, encore moins de toiles crevées. Le peuple a parfaitement compris, comme nous le lui avons entendu dire nous-mêmes, que tout dégât inutile était autant de perdu pour la nation, à qui appartiennent toutes les richesses entassées dans les ex-châteaux royaux.

— Plusieurs hommes armés, mourant de faim, entrèrent chez M. Buisson, tailleur, demandant si l'on pouvait leur donner du pain. M. Buisson s'empressa de satisfaire à leur demande, et en leur exprimant le regret de ne pouvoir leur donner du vin, il leur offrit du cidre.

« Du vin, du cidre, répondirent ces braves gens, nous n'en voulons pas ; du pain et de l'eau. »

Et ils se sont retirés paisiblement.

— Les soldats n'ont combattu qu'à regret et se sont empressés de poser les armes devant la manifestation de la souveraineté nationale. Le 5ᵉ léger, notamment, n'a pas brûlé une cartouche. A la caserne de la rue Saint-Martin, il ne s'est interposé que pour éviter l'effusion du sang et pour sauver la vie à cinq cents gardes municipaux.

— Des ouvriers et gardes nationaux, sous la conduite d'un élève de l'Ecole polytechnique, ont enlevé à la chapelle des Tuileries tous les vases sacrés et ornements, et les ont transportés respectueusement, la croix en tête, à l'église Saint-Roch, où ils ont demandé de les déposer sur l'autel en criant : *Vive Jésus-Christ ! Vive la nation !* Ils se sont fait donner un reçu par le curé, qui, sur leur demande, a fait sonner toutes les cloches.

— Un combattant portait au bout de sa baïonnette une image représentant un fantassin. A bas l'image ! lui cria un citoyen, les fantassins sont nos frères. » L'image disparut immédiatement.

— M. V. Lacaine, homme de lettres, décoré de l'ordre de Juillet, combattant des 5 et 6 juin et du 12 mai, qui, dans la journée du 24, est entré le huitième au Tuileries, après avoir construit trois barricades rue Saint-Honoré et s'être distingué à la

prise du corps-de-garde de la place du Palais-Royal, a sauvé géné-
reusement la vie à un officier du 14e de ligne qu'il venait de
désarmer au plus fort de la lutte, et le prenant sous sa protec-
tion, l'a conduit lui-même en lieu de sûreté.

— C'est par MM. Denissel, officier de la 8e légion; Obry,
élève de l'École-Polytechnique, et Chalet, qu'ont été recueillies
les valeurs précieuses trouvées au Tuileries. Ils ont été secondés
dans la garde de ces valeurs par MM. Roy, marchand de liqueurs,
rue Babylone; Noël, Hippolyte; Dazaux, Nativel, invalide; Dubos,
rue Mouffetard, 254; Charbon, à la Chapelle-Saint-Denis, 61;
Plain, rue de la Verrerie, 14; B. Mongin, boulevart de Bercy, 2.

M. Wafflard, lieutenant de la 2e compagnie du 4e bataillon de
la 2e légion, a déposé provisoirement dans les bureaux du *National* une somme de 50 francs qui lui a été remise par d'honnêtes
ouvriers, qui, dans l'envahissement des Tuileries, l'ont pris pour
leur chef, afin de prévenir le pillage.

Dévouement, loyauté, abnégation personnelle et soumission, le
peuple a montré toutes les qualités dans la sublime journée
du 24.

M. Wafflard a pu, avec le concours de ces braves gens, placer
des factionnaires au bas de toutes les croisées pour empêcher
d'emporter les objets qui avaient été jetés par la fenêtre, et éta-
blir dans le caveau, du côté du pont, un corps-de-garde composé
de quinze hommes, auxquels il a confié le soin de garder l'argenterie du château; ils se seraient fait tuer jusqu'au dernier, plutôt
que de laisser enlever une seule pièce.

— Nous aimons à constater que l'honorable citoyen qui a mis
à la Banque de France les 331,600 francs de la caisse de la liste
civile, se nomme M. Numa Lechesne.

— Aux Tuileries, un voleur est arrêté avec de l'or, on le punit
en lui disant : Tu ne vaux pas une cartouche.

— Deux cadavres sont exposés au Palais-Royal, avec cet écri-
teau : *Voleur*.

— Un enfant qui gardait une barricade ayant demandé de l'argent à un citoyen pour lui livrer passage, des hommes du peuple s'en indignèrent, le forcèrent à rendre ce qu'il avait reçu, en disant : « Le peuple ne reçoit pas d'argent. »

— Dans la rue Jeannisson, au coin de la rue Saint-Honoré, un homme armé fut pris volant une cuillère d'argent ; tout aussitôt les braves qui combattaient avec lui s'en aperçurent et lui dirent : « Tu n'es pas de notre cause, nous te désavouons ; à genoux tout de suite ; voilà comme nous traitons les voleurs ; » et cinq balles l'étendirent raide mort.

— Une jeune fille assistait au dernier massacre de quelques gardes municipaux du poste de la place de la Concorde, qui avaient tiré sur la 5e légion. Il ne restait plus qu'un de ces malheureux.

« Mademoiselle, s'écria M. de V....., commandant des pompiers, vous pouvez sauver cet homme.

« Que faut-il faire, je suis prête.

« Jetez-vous dans ses bras, et réclamez-le comme votre père.

« La jeune fille se précipita au même instant dans les bras du garde municipal, en pleurant et en s'écriant :

« Messieurs, au nom de Dieu, épargnez mon père, ou tuez-moi avec lui. »

Les fusils s'abaissèrent aussitôt, et le garde municipal, protégé par sa libératrice, fut sauvé.

— Aux barricades des Innocents, un jeune homme du quartier des Écoles encourageait à la résistance la plus héroïque, haranguait le peuple et les gardes nationaux, et discutait avec une rare logique tous les termes des fausses et fallacieuses proclamations que les officiers d'état-major apportaient à tout moment. « Mensonges que tout cela, disait-il, nous voulons réforme et amnistie, et nous les aurons.

Au moment où un peloton de la ligne s'apprêtait à faire feu, ce jeune homme, élevant ses bras et découvrant sa poitrine, s'avance au devant des soldats et leur crie : « Vous voulez donc nous assassiner, nous sommes sans armes. » Et aussitôt les fusils se relèvent devant ce mouvement de courage.

De tous les évènements de notre grande révolution, il en est un qui par son importance, sa singularité et ses circonstances, appelle l'attention et la reconnaissance publiques.

Le citoyen Denghien, lieutenant de grenadiers, 2e bataillon de la 1re légion, rue Neuve-Luxembourg, 28, relevé du poste de l'Assomption, en se retirant à la mairie du 1er arrondissement, fut averti que les diamants de la couronne, ainsi que des valeurs considérables, allaient nécessairement tomber, non au pouvoir d'un peuple généreux, mais dans les mains d'hommes qui déshonorent sa noble cause. Faire un appel aux citoyens de bonne volonté, s'élancer aux Tuileries, poser des gardes partout où le lui permettait le petit nombre de ses camarades et de 25 hommes du peuple qui les accompagnaient, repousser les efforts de gens égarés, étouffer un feu imprudemment allumé, risquer vingt fois sa vie, tout cela ne dura que quelques instants ; cependant le danger croissait de minute en minute ; il fallait à tout prix sauver le trésor ; mais comment y parvenir à travers une effervescence de plus en plus menaçante ? Conservant un sang froid indispensable, le citoyen Denghien réclame avec instance un brancard ; on le lui amène ; un hasard heureux permet qu'il soit en tout semblable aux brancards des blessés ; un matelas y est apposé ; les diamants, l'or, l'argent, les billets sont enroulés en forme de victime ; on s'écrie : honneur au courage malheureux ! Chacun se découvre et s'incline ; Trois voyages sont faits des Tuileries aux finances, et la plus grande portion du trésor est sauvée. Un faux pas, une indiscrétion, un signe pouvaient tout perdre. Ainsi des valeurs considérables furent conservées à la nation par le courage, le sang-froid et l'ingénieuse adresse du citoyen Denghien, des gardes nationaux et de 25 hommes du peuple. Voici les noms de ces braves :

Denghien (Achille).	Bex (Alexandre), id. id.
Dusausey (Casimir), élève de l'Ecole polytechique.	Lehericey (René), caporal, id.
Leguay (Stanislas), sergent des grenadiers, 2e bat., 2e légion.	Mathieu (Laurent), id. id.
	Bouillon (Edouard), id. id.
	Veret (Constant).

Grenadiers.

Jadras (Louis).	Boyeldieu (Xavier).
Tottrement (Désiré).	Dubois (Amédée).

Grenadiers.

Leveillé (Jean).
Fimbert (Louis).
Dubus.
Bouchon.
Le Roy.
Driancourt.
Robert.

Gebel.
Longchamp.
Druneau.
Bruneau (Auguste).
Eliard (Guillaume).
Hion (Hyppolite).

Citoyens.

Lemoine (François), rue St-Honoré, 244.
Briand (Martin), rue de la Michodière, 5.
Sire (Jean-Antoine), rue de la Vannerie, 39.
Joasset (Joseph), rue Ablin, 9.
Campanat (Edouard), rue des Poulies, 9 bis.
Durand (Adrien), rue Sainte-Anne, 31.
Sibenaler (Nicolas), rue de Bièvre, 32.
Flusin (Joseph), rue St-Dominique, 201.
Pellion (Auguste), rue St-Honoré, 125.
Jacquemin (Adam), rue des Anglais, 2.
Love (Jacques), rue Bertin-Poirée, 8.
Battenhauser (Jean), rue Richelieu, 42.
Gilbert (Philibert), place Palais-Royal, hôtel du Dauphiné.

Baron (François), rue Sainte-Anne, 6.
Gallet (Henri-François), rue Pot-au-lait, 9.
Fauvel (Adolphe), rue de Hambourg, 21.
Grison (Leonard), barrière de Monceaux.
Lavenu (Louis-Denis), avenue de Clichy, 62.
Belet (Emile-Célestin), rue Michaudière, 5, à Batignolles.
Degain (Charles), rue Sainte-Anne, 6.
André (François), à la Chapelle St-Denis.
Dumain (Auguste), chez M. Crétin, marchand de vin à Montmartre.
Lerat (Pierre), rue de l'Oursine, 102.
Beausteron (Auguste), rue de la Glacière, 31, à Gentilly.
Chaumet (Charles), rue de Moussy, 8, place Maubert.

— Au moment de la prise des Tuileries, il fut trouvé dans le palais, en diamans, bijoux, argent monnayé, etc., une valeur de plus de *trois millions*. Tous ces objets furent déposés dans une baignoire se trouvant dans l'appartement de la duchesse d'Orléans et recouverts d'une simple couverture. On plaça le tout sous la garde d'un homme en haillons, et lorsqu'on vint pour emporter ces objets, ils furent reconnus intacts ; la couverture même n'avait pas été dérangée de place.

Cet homme n'avait pas même eu l'idée de la tentation.

Grandeur et simplicité !

— M. Victor Hugo avait adressé le jeudi, 24, sur la place Royale, quelques paroles au peuple qui s'y trouvait réuni. Des huées se faisaient entendre. *C'est un pair de France*, criait-on. — Je n'en sais rien, dit d'une voix fortement accentuée un homme en blouse, mais c'est un grand homme !

Tout le monde répondit aussitôt : *Vive Victor Hugo* !

— Parmi les citoyens qui ont déployé le plus de courage et de générosité, le 23 et le 24, nous citerons spécialement M. Hippolyte Couey, ouvrier typographe, qui s'est surtout distingué dans le combat de la rue Rambuteau et à l'attaque du poste du Palais-Royal.

— Le peuple entrant dans la salle du trône, se mit en devoir de détruire tous les insignes de la royauté ; craignant de grands désordres, le citoyen P. Bry, de la 11° légion, et le citoyen Hamon, étudiant, montèrent sur les marches du trône et voulurent le défendre. Des cris partent de toutes parts : à bas les mouchards ! à bas les aristocrates !

Le citoyen Bry prit la parole avec force : Citoyens, les insignes de la royauté doivent disparaître à jamais ; le peuple souverain ne doit plus les reconnaître ; mais respect à la propriété ! respect aux objets d'art ! Vive la République !!!

Les cris de vive la garde nationale ! se firent entendre ; le trône fut brisé, et les objets qui meublaient la salle furent respectés !

Pour compléter l'intérêt de cette publication populaire, nous donnerons les noms des honorables citoyens qui constituent l'immense force morale du gouvernement provisoire, nous ne sommes plus au temps des panégyriques, aussi nous laisserons passer les faits en reproduisant quelques-uns des principaux décrets et actes de ces hommes voués corps et âme à la prospérité de la patrie.

Gouvernement provisoire.

MM. Dupont (de l'Eure), Lamartine, Marie, Garnier-Pagès, Ledru-Rollin, A. Crémieux. Armand Marrast, Louis Blanc, F. Flocon, Albert ouvrier, secrétaire des délibérations du gouvernement provisoire; A. Dumon (de Montaigu), Maurin, sous-secrétaires.

Départements ministériels.

M. Dupont (de l'Eure), président du conseil, sans portefeuille;
M. de Lamartine, affaires étrangères;
M. Crémieux, justice;
M. Ledru-Rollin, intérieur;
M. Michel Goudchaux, finances;
M. François Arago, marine;
M. le général Subervic, guerre;
M. Carnot, instruction publique et cultes;
M. Bethmont, au commerce.;
M. Marie, travaux publics.

Mairie générale de Paris.

M. Garnier-Pagès, maire; MM. Buchez et Recurt, adjoint.
M. Flottard, secrétaire-général.
M. Recurt, en outre, délégué du maire de Paris, près la Préfecture.

Garde nationale.

M. le colonel de Courtais, commandant supérieur.
M. Guinard, chef d'état-major général.

Guerre.

M. le général Bedeau, commandant la 1re division militaire.

M. le général Duvivier, chargé de l'organisation de la garde nationale mobile, dont il est nommé commandant-général.

M. le général Cavaignac, gouverneur général de l'Algérie.

PRINCIPAUX ACTES ET DÉCRETS

DU

GOUVERNEMENT PROVISOIRE.

République française.

Liberté, Egalité, Fraternité.

Le gouvernement provisoire, convaincu que la grandeur d'âme est la suprême politique, et que chaque révolution opérée par le Peuple français doit au monde la consécration d'une vérité philosophique de plus;

Considérant qu'il n'y a pas de plus sublime principe que l'inviolabilité de la vie humaine;

Considérant que dans les mémorables journées où nous sommes, le gouvernement provisoire a constaté avec orgueil que pas un cri de vengeance ou de mort n'est sorti de la bouche du peuple;

Déclare :

Que dans sa pensée la peine de mort est abolie en matière politique, et qu'il présentera ce vœu à la ratification définitive de l'Assemblée nationale.

Le gouvernement provisoire a une si ferme conviction de la vérité qu'il proclame au nom du Peuple français, que si les hommes coupables qui viennent de faire couler le sang de la France, étaient dans les mains du peuple, il y aurait à ses yeux un châtiment plus exemplaire à les dégrader qu'à les frapper.

Les membres du gouvernement provisoire :

Dupont (de l'Eure), Lamartine, Garnier-Pagès, Arago, Marie, Ledru-Rollin, Crémieux; secrétaires, Louis Blanc, Marrast, Flocon, Albert ouvrier.

République Française.

Liberté, égalité, fraternité.

Citoyens,

La royauté, sous quelque forme que ce soit, est abolie.

Plus de légitimisme, plus de bonapartisme, pas de régence.

Le gouvernement provisoire a pris toutes les mesures nécessaires pour rendre impossible le retour de l'ancienne dynastie et l'avénement d'une dynastie nouvelle.

La République est proclamée.

Le peuple est uni.

Tous les forts qui environnent la capitale sont à nous.

La brave garnison de Vincennes est une garnison de frères.

Conservons avec respect ce vieux drapeau républicain dont les trois couleurs ont fait avec nos pères le tour du monde.

Montrons que ce symbole d'égalité, de liberté, de fraternité, est en même temps le symbole de l'ordre, et de l'ordre le plus réel, le plus durable, puisque la justice en est la base et le peuple entier l'instrument.

Le peuple a déjà compris que l'approvisionnement de Paris exigeait une plus libre circulation dans les rues de Paris, et les mains qui ont élevé les barricades ont, dans plusieurs endroits, fait dans ces barricades une ouverture assez large pour le libre passage des voitures de transport.

Que cet exemple soit suivi partout; que Paris reprenne son aspect accoutumé, le commerce son activité et sa confiance; que le peuple veille à la fois au maintien de ses droits, et qu'il continue d'assurer, comme il l'a fait jusqu'ici, la tranquillité et la sécurité publiques.

> Dupont (de l'Eure), Lamartine, Garnier-Pagès, Arago, Marie, Ledru-Rollin, Crémieux, Louis Blanc, Albert ouvrier, Marrast, Flocon.

République Française

Liberté, égalité, fraternité.

Le gouvernement provisoire décrète l'établissement immédiat d'ateliers nationaux.

Le ministre des travaux publics est chargé de l'exécution du présent décret.

Les membres du gouvernement provisoire,

Dupont (de l'Eure), Garnier-Pagès, F. Arago, Marie, Lamartine, Crémieux, Ledru-Rollin, Louis Blanc, Albert, Armand Marrast, Flocon.

République Française

Liberté, Egalité, Fraternité.

Le gouvernement provisoire croit devoir prévenir les citoyens qu'il a pris toutes les mesures conservatoires pour que tous les biens, meubles et immeubles, de l'ancienne liste civile et du domaine privé restent sous la main de la nation.

Les membres du gouvernement provisoire

Dupont (de l'Eure), Lamartine, Garnier-Pagès, Arago, Marie, Ledru-Rollin, Crémieux, Louis Blanc, Albert ouvrier, Marrast, Flocon.

République Française.

Liberté, Egalité, Fraternité.

Le maire de Paris, averti que des citoyens ont manifesté l'intention de détruire les résidences qui ont appartenu à la royauté déchue, afin de faire disparaître jusqu'aux derniers vestiges de la tyrannie ;

Leur rappelle que ces édifices appartiennent désormais à la nation ;

Que, d'après une résolution prise par le gouvernement provisoire,

Ils doivent être vendus pour leur prix être affecté au soulagement des victimes de notre glorieuse révolution ;

Et aux dédommagements que réclament le commerce et le travail.

Il invite donc tous les bons citoyens à se souvenir que les édifices nationaux sont placés sous la sauvegarde du peuple.

Le maire de Paris, GARNIER-PAGÈS.

23 février 1848.

— La justice sera rendue au nom du peuple français.

— La chambre des députés est dissoute.

— Il est interdit à la chambre des pairs de se réunir.

— Une assemblée nationale sera convoquée aussitôt que le gouvernement aura réglé les mesures d'ordre et de police nécessaires pour le vote des citoyens.

— L'unité de l'armée et du peuple est déclarée.

— Les gardes nationales dissoutes par les précédents gouvernements, sont réorganisées de droit.

— Le million qui va échoir de la liste civile, sera rendu aux ouvriers blessés.

— Le château des Tuileries est transformé en *Hôtel des invalides civils*, destiné à servir de retraite aux travailleurs infirmes et âgés.

— Les objets engagés au mont-de-piété depuis le 1er février jusqu'au 25, et consistant en linge, vêtements, hardes, etc., dont le prêt ne dépassera pas 10 fr., sont rendus aux déposants.

— Les titres nobiliaires et particulierss sont à jamais abolis.

Paris. — Imprimerie de Lacour, rue St-Hyacinthe-St-Michel, 33.

www.ingramcontent.com/pod-product-compliance
Lightning Source LLC
Chambersburg PA
CBHW061603050726
47595CB00009B/3983